APPEL

AUX

GENS DE LETTRES

PAR

UN AMI DE LA PAIX.

———

A PARIS,

DE L'IMPRIMERIE DE CUSSAC,

Rue d'Orléans St.-Honoré, n° 13.

———

1814.

APPEL

AUX

GENS DE LETTRES

Le mal fatigue la pensée du sage, il en gémit et voudrait le bannir de la terre ou du moins le contraindre à se perdre dans la somme du bien ; cet être vertueux et sensible, qui a des idées précises d'ordre et d'harmonie, désire le bonheur de tous ; né avec une âme honnête, dégagé des passions par l'âge, l'étude et l'expérience, il ne lui reste plus que le besoin de rendre heureux ses semblables : on peut ne rêver que plaisirs, richesses, honneurs et victoires ; ce sont là les songes de l'ardente jeunesse ; mais il est un autre âge, ou l'on ne prise son existence que par le bien qu'on a fait, qu'on fait, et qu'on peut faire.

Je suis loin de me vouloir placer sur la même ligne que ces êtres privilégiés à qui il appartient de contribuer au bonheur du monde ; mais animé par une forte philantropie, guidé par la raison, et par un gros bon sens, me sera-t-il permis en suivant de loin en loin les traces des esprits les plus eminemment supérieurs, d'imaginer et de présenter, sinon une panacée, au moins un palliatif au plus grand des maux qui affligent l'humanité.... la guerre?

La guerre, ce fléau dévastateur, qui, abstraction faite des torts incalculables qu'elle porte à la religion et aux mœurs, enlève à la société l'espérance des générations, les bras à l'agriculture, le génie aux sciences et aux arts, au laboureur le fruit de ses travaux et de ses sueurs, à l'industrie les moyens de se propager, aux riches les aisances et les commodités de la vie ; la guerre, ce cruel fléau source de tous les malheurs et de tous les crimes, doit-elle avoir un terme? peut-elle être à jamais anéantie parmi les hommes.

Non, la guerre a commencé avec le monde, et elle ne s'éteindra qu'avec lui. Sans-cesse elle désolera les nations divisées par leurs intéréts, ou les souverains dévorés par la plus funeste des ambitions ; toujours nous gémirons sous sa verge de fer, et il ne nous restera que le seul espoir d'en adoucir les coups. Mais cet espoir est-il fondé? Sa réalisation est-elle possible? On ne peut le nier, et cette réalisation doit être un jour le plus grand bien-

fait que l'humanité puisse attendre des sages qui sont ses lumières.

Lorsqu'un habile médecin ne peut extirper
radicalement un mal qu'il reconnait être incurable, il en tempère au moins les éffets, épargne
des souffrances au malade, et prolonge ses
jours. C'est ainsi que l'on doit en agir à l'égard
de la guerre. Plusieurs moyens réunis peuvent
éloigner pour long-temps des Empires l'hor-
reur de la destruction. Ces moyens sont d'a-
bord la volonté des gouvernants, les bonnes
constitutions, et ensuite l'opinion publique,
le plus fort de tous les liens.

La paix, cette douce paix exilée depuis
long-temps du milieu des vivants, et reléguée
chez les morts, vient enfin de nous être rendue. Jamais depuis l'origine du globe, elle
ne s'avança avec un cortège plus magnifique,
et plus imposant; elle s'annonce aux hommes, et vient répondre à leur voeux, accom-
pagnée de la justice, de la bienfaisance et
de l'égalité, et elle commence sa nouvelle car-
rière sous les heureux auspices de la liberté
rendue à la moitié du monde. Les souverains
du nord, qui pouvaient ruiner la France,
ont voulu en l'enrichissant de ce don pre-
cieux et inestimable, ne garder pour eux,
que le sentiment délicieux d'avoir fermé une

plaie désastreuse et tari des fleuves de sang.
S'occuper du bonheur d'un peuple nombreux,
qui leur est étranger, est un effort de vertu
dont ils viennent de donner un exemple; c'est
un phénomène moral, qu'un Roi juste et humain vient nous annoncer. Qu'il est beau,
qu'il est grand d'être Roi, lorsqu'on sçait élever son âme à la hauteur de sa puissance, et
qu'on n'est le premier homme de son empire,
que pour en être le meilleur!

Tous les souverains (1) ont prouvé combien
ils gémissaient des malheurs de la guerre,
par le désir de la terminer. Son flambeau à
moitié consumé semble s'être éteint à jamais;
au milieu des excès de tous les genres leur
cœur s'est ouvert à la pitié, la voix de la philosophie s'est fait entendre: ce n'est pas pour vous
que vous êtes à la tête des Empires, s'est-
elle écriée, « ouvrez les yeux sur les devoirs
» que vous imposent le salut et la tranquillité
» des peuples qui vous sont confiés: mettez vo-
» tre gloire à les bien gouverner et préférez leur
» prospérité à l'ambition de règner sur des dé-
» serts, sur des pays dévastés, arrosés du sang

(1) Cet écrit n'est pas fait pour les souverains d'aujourd'hui;
leurs vertus ne méritent que des éloges; mais ils auront des
successeurs. Dieu veuille qu'ils leur ressemblent!

» de vos semblables ; mettez, d'un commun ac-
» cord, des bornes à vos empires ; la nature elle
» même semble vous les avoir prescrites ; les mers
» les fleuves, les montagnes les indiquent d'une
» manière incontestable. Soyez convaincus que
» moins un royaume a d'étendue, plus il est
» facile à gouverner, consultez enfin l'opinion
» publique ; c'est la voix de Dieu et du Peuple. »

La plus part des etats de l'Europe ont une
constitution ou des loix fondamentales qui éta-
blissent les droits respectifs des gouvernans,
et des gouvernés. L'opinion publique ne sera
pas si prompte dans sa marche, mais par cela
même elle n'en sera que plus durable et plus
solide. Si cette opinion a pu nous asservir à
des préjugés dont l'expérience et le temps
ont confirmé l'utilité, et aux quels nous te-
nons fortement, qu'elle ne serait pas sa force
fondée sur la pure vérité, sur l'utilité publique, sur le bonheur de tous ? mais malheureusement elle s'est toujours montrée inactive ;
elle s'est pour ainsi dire assoupie dans tous
les esprits, et dans tous les cœurs, où elle
s'est concentrée, où elle s'est ensevelie toutes
les fois qu'il a fallu élever la voix pour abat-
tre le monstre que je voudrois combattre (1).

____

(1) Si l'on donne des honneurs et des recompenses a celui qui
sauve la vie de son semblable, par quel absurde contraste les
prodigue-ton à celui qui le détruit ?

Qui la reveillera cette opinion publique ? qui la forcera à s'exhumer ? qui lui imprimera cette force de mouvement qui se perpètue et s'accroit à mesure qu'elle se répand ?

Les lettres, les réunions d'écrivains de tous les genres, les sociétés sçavantes de l'Europe ne nous ont offert jusqu'ici d'autre avantage, que celui de polir les mœurs et le langage, de nous procurer quelques découvertes utiles, et de contribuer à nos délassemens ainsi qu'à nos plaisirs; mais qui les empêche de prendre un vol plus hardi et plus audacieux ? qui peut empêcher une plume ferme et vigoureuse d'entacher du sceau de la réprobation et de l'ignominie l'ambition des souverains, et de celui de la lâcheté et de la faiblesse cette soumission aveugle des peuples qui les rend les instrumens de la tyrannie, dont il sont en même temps et les bourreaux et les victimes ? Qui peut empêcher de terrasser par les armes du ridicule, et l'ambition et l'ambitieux, de rendre exécrable cet horrible honneur de tuer son semblable, son frère, de jetter la désolation dans les familles, de porter la douleur dans les entrailles d'une mère qui ne se voit revivre que pour pleurer sur sa nouvelle vie, qui ne se régénére que pour se voir mourir dans ses plus cherès affections

qui peut empêcher enfin d'avilir cette gloire infâme que l'on acquiert en enveloppant les
nations d'un crêpe funébre, que la fureur a
trempé de leur sang ? Cet honneur préten-
du , cet affreux prejugé qui répugne à tous
les cœurs sensibles, serait bien plus difficile
à détruire, qu'il ne le serait de réveiller dans
ces mêmes cœurs l'idée que les plus puissans
motifs s'elévent contre lui.

Presque tous les auteurs nous offrent des
passages, des boutades et des traits assez forts
contre l'ambition et les malheurs de la guerre;
mais je n'ai vu nulle part un traité complet
contre ce triste fléau (1) ; tous ont frondé et
senti le mal, mais aucun n'a soupçonné ni indiqué le remède ; est-il cependant un mal plus
déplorable et plus funeste? Le silence des philosophes et des gens de lettres peut-il être
motivé par la crainte d'encourir la disgrace,
la haine des souverains , ou la privation de
quelque légères pensions? Qu'ils connaissent
toutes leurs forces, qu'ils s'unissent, qu'ils s'en-
tendent entre eux , *vis unita fortior*, et ils

____

(1) Grotius, Puffendorf , Hobbes, etc. ont écrit des volu-
mes sur les droits des souverains, sur les droits de la paix et
de la guerre, sur le droit public ; mais ils n'ont suivi que la
route fausse et tortueuse de la politique : n'eussent-il pas mieux
employé leurs talens et leur tems, s'ils eussent établi les droits
de la nature et de l'humanité, combattu des préjugés absurdes,
des abus cruels, et indiqué les moyens de les détruire ?

feront à leur tour trembler les rois; qu'ils imitent les philosophes du dernier siécle dans le zèle et l'acharnement qu'ils ont mis à détruire une religion à laquelle, malgré tous les efforts du gouvernement et des plus puissans corps de l'état, ils ont porté des coups malheureusement trop sensibles; ainsi que ces athées, mais avec bien plus de raison qu'eux, qu'ils terminent toutes leurs correspondances et tous leurs écrits par ces mots si énergiques : *Ecrasez l'infâme!*

Dans la foule des gens de lettres, il peut sans-doute encore s'en trouver qui réunissent entr'eux le sarcasme gai et piquant de Voltaire, le style serré et ferme de Diderot, la logique de Dalembert et l'éloquence de Jean-Jacques. C'est avec de telles armes que le baume calmant de la philosophie pourrait cicatriser la plus honteuse des plaies.

Je me rappelle confusément que vers le milieu du siécle dernier, une guerre ayant éclaté entre l'Autriche et la Prusse, pendant près de trois campagnes, il n'y eut ni sièges, ni batailles : tout se passa entre les généraux en campemens, marches sçavantes et quelques légères escarmouches. Cette guerré de modération était l'ouvrage de la philosophie; mais notre révolution et l'ambition d'un seul homme, nous ont fait rétrograder de plus de dix siècles.

Nous devons maintenant nous porter en arrière c'est seulement alors que pourra s'opérer avec un succès plus que probable l'heureuse révolution qu'il était déja permis de présager à cette époque, et dont nous devons plus que jamais espérer le fortuné retour ; mais il faut qu'il soit hâté par une de ces âmes fermes et assez fortement électrisées de la philantropie, pour qu'elle puisse en communiquer les étincelles, les faire briller aux regards de toutes les sociétés sçavantes de l'Europe, et les engager à former une association, une fédération, avec serment d'employer leur talent, leurs plumes et leur temps, sinon à l'extinction totale, du moins à la modération des excès du monstre antropophage, de la guerre.

Un écrivain stoïque et impartial, sévére comme la postérité, absout ou punit les maîtres de l'univers ; sa gloire est pure et immortelle.

Si un seul auteur, Pierre Arétin, surnommé le fléau des princes, s'est rendu redoutable aux souverains, et en a fait ses tributaires par la vérité et la sévérité de sa critique ; que ne feront pas les efforts de tous les gens de lettres réunis ? Cet ensemble serait le bouclier des peuples, et la tête de Méduse pour les ambitieux. Les lumières ont détruit le fanatisme, ne seraient-elles pas assez fortes pour détruire ce qui est contre le bien et les vœux de tous?

La crise salutaire qui vient de s'opérer en France et dans l'Europe, est on ne peut pas plus favorable à mon projet. La sagesse et la modération des monarques du Nord, en nous offrant une paix raisonnable, prouvent combien ils sont fatigués de la guerre, et combien l'Europe a besoin de repos. Le génie ambitieux qui faisait ses délices du carnage, n'a plus les moyens de s'y livrer : il va donc heureusement cesser, et les peuples et les rois respireront avec tranquillité ; mais la plaie est encore récente et voici le moment, non-seulement de la fermer pour longtems, mais d'empêcher qu'elle ne se rouvre et ne dégénère en ulcère incurable.

C'est donc aussi le moment de frapper fortement les esprits encore terrorisés des malheurs que nous venons d'essuyer. La liberté de la presse, ouvre aux auteurs un champ libre et facile dont nul souverain, n'osera interdire l'entrée. L'Hydre est terrassée, hâtons nous de lui porter le coup de la mort. Après quelque repos, elle pourroit renaître et replonger nos petits fils, ainsi que nous, dans le gouffre d'où nous sortons à peine. L'ambition des souveraius ne s'éteindra jamais, il est dans la nature de l'homme de se faire une fausse gloire, et de désirer toujours plus qu'il ne posséde : il faut donc lui opposer les plus fortes digues et profiter de l'heureuse circonstance dans laquelle nous nous trouvons (1). L'Europe entière, les sages souverains qui la gouvernent seconderont nos efforts, et tous les esprits y sont préparés d'avance.

C'est aux maitres de la terre à donner l'exemple de la justice et de la bonne foi. Le clergé par la pureté de ses mœurs et ses instructions doit régler la morale du peuple ; c'est aux philosophes, aux écrivains de tous les genres a former l'opinion, et à la diriger vers le bien général.

Tout est de mode en France ; mais aussi tout dépend de celui qui donne le ton ou la première impulsion. Nous avons vu sous la fin du siècle de Louis XIV, le régne de l'hypocrisie et de la fausse dévotion ; la régence par un espèce de réaction a amené le libertinage, et a brisé le masque qui couvrait encore les vices ; les sciences et les arts sont aussi sujets à l'empire de la mode : les ammeuble-

---

(1) L'Empereur de Russie se propose de demander au Congrés de Vienne la diminution des troupes dans chaque Etat.

mens changent tous les jours de forme, et tous ces changemens ne sont souvent que l'ouvrage d'un seul homme. Si une pareille révolution peut-être l'ouvrage d'une seule tête; si elle peut sans autre secours qu'elle-même entraîner la multitude ; si des charlatans tels que *Mesmer*, *Cagliostro*, par leurs prestiges, ont livré tant d'esprits à de pures chimères, que ne fera pas une foule de gens éclairés, tonnants avec toutes les armes de la raison et de l'éloquence, contre un préjugé cruel et barbare, auquel ils substituent une vérité innée, qui est dans tous les cœurs, et d'où découle toute espèce de bonheur général ou particulier.

L'objet le plus intéressant pour l'humanité, serait-il donc seul sans réaction, et n'aurions nous qu'une paix momentanée ?

O vous à qui la nature aidée de vos études et de vos travaux solitaires, a fait le précieux don de la persuasion et de l'éloquence! quel plus noble emploi pouvez vous en faire qu'en arrachant au malheur, vous, vos enfans et la postérité? Ah! si le seul amour du bien, fesait vibrer chez vous la corde de l'amour propre si délicat et si sensible, si, dédaignant toute faveur ainsi qu'un vil interêt, vous donniez à vos talens tout l'essor de la vertu, vous seriez de vrais héros, des demi-Dieux plus puissants, plus révérés, que ces princes de la terre, qui abusant d'une force, qui n'est pas même la leur, se forgent une gloire factice, passagère comme la fumée qui se dissipe dans l'atmosphère; votre gloire plus durable, mais moins bruyante irait jusqu'aux cieux, et serait immortelle. Ils sont quelquefois les tyrans de l'humanité, vous en seriez constament les defenseurs et les soutiens.

Quelle tâche serait plus sublime que la vôtre? Faites de tous les peuples, des Quakers, et qu'on ne dépense plus cent millions pour égorger cent mille hommes.

Prêtez l'oreille a la voix de ces milliers de lamentables victimes, s'élevant au travers de l'immensité des cadavres, dont l'extermination leur a fait un tombeau, elle s'echappe encore teinte du sang dont elle est imprégnée et vous n'entendez que ces paroles lugubres *exhauriare aliquis nostris ex ossibus ultor.*

Lorsqu'on est animé de la noble passion d'être utile, il faut sans doute des talens, mais il faut encore plus d'énergie et même d'enthousiasme. Cette passion élève l'âme et remplace souvent le génie, mais leur réunion peut opérer des prodiges.

Voilà donc le seul frein qu'on puisse opposer

à la passion des souverains pour la guerre.
Nous n'emploierons pas la force, ils l'ont
entre leurs mains; encore moins la religion,
ils n'en ont point, ou ils ne feignent d'en avoir
que pour la subordonner à leur politique; la
justice et la raison ne seront pas plus fortes,
elles sont pour eux à la gueule du canon (1);
mais quel est celui qui bravera l'opinion générale de son peuple, et qui se trouvera seul
contre tous? quel est le ministre qui osera
conseiller une guerre injuste? quels sont les
représentans du peuple qui auraient la lâcheté
de fournir les moyens de la soutenir?

Que les gens de lettres sentent donc tout
leur pouvoir; qu'ils se pénètrent de tout le
bien qui peut résulter de leurs efforts pour les
races vivantes et futures; qu'ils imitent pour
une meilleure cause, le zèle et le désintéressement des philosophes du dernier siècle; qu'ils
terrassent, qu'ils écrasent l'infâme d'un pied
ferme, et ils auront la gloire d'avoir fait briller
l'aurore du bonheur et des vraies lumières;

---

(1) Les militaires ont voulu ennoblir, comme leur état, l'ex-
tremité de cette arme meurtrière, et ont donné le nom de
bouche à cette gueule effroyable, cent fois plus destructive que
celle des tigres et des lions. C'est sans doute pour la même raison qu'ils ont donné le nom d'*âme* à cette affreuse cavité qui
ne récele que la mort.

c'est ainsi qu'ils se survivront à eux-mêmes dans la pensée et dans les cœurs de la postérité. Tout les favorise, tout est prêt à les seconder ; une constitution sage, la liberté de la presse, un roi juste et bon, l'Europe pour longtems dégoutée de guerres, et ses chefs eux-mêmes, plus portés à les éloigner qu'à les provocquer. Qu'ils saisissent le moment, et le siécle d'or ne sera plus une chimère.

Il faudrait un Dieu sur la terre, pour maintenir les hommes en paix, et, malheureusement, ceux qui se disent son image, se sont créé une politique ponr les détruire. Quelques papes, par des motifs de religion et de eharité, ont quelques-fois rempli ce beau rôle, ils pacifiaient les princes entr'eux ; mais, redevenus souverains et hommes, et abusants des armes formidables qui faisaient trembler la terre, ils ont usé ce puissant ressort.

Peut-être le dernier Attila, qui si souvent voulut passer pour médiateur, prétendait-il le suppléer, et réaliser ce que disait Frédéric le grand : *que s'il était roi de France, il ne voudrait pas qu'il se tirât un seul coup de canon dans l'Europe sans sa permission ;* mais les moyens dont l'usurpateur se servait, rendaient le remède pire que le mal, et le désir apparent de donner la paix au monde, ne pouvait être chez lui que le masque de l'ambition.

L'auteur de la satire de la Tactique, après avoir traité la guerre d'art infernal inventé par Lucifer, finit ainsi :

> Je formais des souhaits
> Pour que ce beau métier ne s'exerçât jamais,
> Et qu'enfin l'équité fit régner sur la terre
> L'impraticable paix de l'abbé de Saint-Pierre.

En effet, le projet de ce bon abbé qui ne convenait tout au plus qu'à la circonstance du moment où il fit ce beau rêve, fait bien plus d'honneur à son cœur qu'à sa politique et à ses lumières ; cependant, pour l'assurer impraticable, il faudrait l'avoir tenté, l'avoir éprouvé. C'est l'expérience seule qui peut réaliser toutes les théories. D'ailleurs, ce qui fut impraticable dans un temps, peut très-bien s'exécuter dans un autre, et surtout aujourd'hui, que l'exemple de l'Angleterre, la révolution des États-unis, celle de la France, les tentatives que différens peuples ont faites pour modifier le joug, et surtout notre nouvelle constitution, ont semé dans l'esprit de tous les peuples, le désir de lois fondamentales, d'une charte constitutionelle qui pût assurer leurs droits, et mettre des bornes à la puissance des gouvernans.

Le projet d'une paix perpétuelle ne paraît donc plus un rêve, une chimère ; il se présente de lui-même. Les circonstances sont changées, l'opinion des peuples a subi les plus étonnantes métamorphoses, un désir, une volonté prononcée, ont remplacé une soumission aveugle : ils veulent bien porter le joug ; mais ils veulent aussi savoir pourquoi, comment, et quel sera ce joug. Les souverains eux-mêmes, sentent qu'ils doivent partager leur puissance avec la nation, et qu'ils ne sont que les exécuteurs des lois mutuellement consenties.

Pour parvenir à cet heureux résultat, il faudrait donc que, dans chaque constitution, on insérât un article qui obligeât les souverains et les peuples, à se soumettre aux décisions d'un tribunal suprême assemblé dans une ville libre, indépendante, et dont il serait seul le maître absolu, sans aucune communication avec les puissances. Ce tribunal serait composé de personnes choisies, bien connues par leurs lumières, leur intégrité et leur désintéressement ; enfin, de vrais cosmopolites par les sentimens et par le cœur, désintéressés, parce qu'ils ne pourraient ni acquérir, ni hériter, ni quitter le lieu de leur résidence. Les puissances pourvoieraient largement à leurs dépenses et à leurs droits, ainsi qu'à ceux de leurs familles, et tâcheraient enfin de les réduire à l'impossibilité de la corruption et de l'influence. Tout cela dépendrait des lois et des réglemens qui leur seraient imposés, et qui devraient être approuvés par tous les intéressés, les uns obligés sous la responsabilité des ministres, les autres contraints par la force de se soumettre au jugement du tribunal suprême sous la garantie de toutes les puissances.

Voilà peut-être encore un rêve, mais, au moins, c'est celui de la raison et de l'humanité. Je n'ai d'autre but dans ce petit écrit, que de faire naître dans des esprits plus éclairés et plus élevés que le mien, le désir de remplir les grandes vues que j'esquisse ici, s'ils trouvent des possibilités à mon projet, en le modifiant et en lui donnant toute la couleur dont il est susceptible. Une forte dose de sensibilité, qui depuis longtems me fait gémir sur les malheurs de la guerre, et le seul bon sens m'ont guidé ; puissent mes vues être approuvées et embrassées par un homme assez courageux pour se dévouer entièrement et tenter leur exécution ! C'est alors que l'on verrait la vraie et saine philosophie diriger tous ses moyens vers le bonheur du genre humain et lui procurer non-seulement ce qui lui est nécessaire, mais encore lui prodiguer les aisances, les commodités et les plaisirs de la vie. Ce globe se changerait en un paradis terrestre anticipé, les sciences et les arts atteindraient une perfection jusqu'alors inconnue, et les souverains ne seraient plus que nos pères et nos Dieux.

PROJET D'ASSOCIATION.

Nous, soussignés, gens de lettres de toutes les sociétés sçavantes de l'Europe, auteurs sacrés et profanes, écrivains de tous les genres, prédicateurs, philosophes, etc.

Considérant que depuis longtems nous gémissons sur les malheurs qui affligent l'humanité, que la plûpart de nous se sont élevés autant que les circonstances pouvaient le permettre, contre tout ce qui pouvait lui être nuisible ; que par nos efforts et ceux de nos dévanciers, le fanatisme est presque entièrement détruit, que la tolérance s'établit dans tous les empires, que la fureur du duel s'éteint, et que d'autres préjugés aussi préjudiciables à la société, s'affaiblissent de jour en jour.

Qu'il est temps d'éclairer les hommes sur leurs vrais intérêts, et de leur rappeler qu'ils doivent se conduire d'après la raison, de réveiller dans les cœurs les sentimens de cette pitié et de cette affection que l'on doit avoir pour ses semblables, de détourner loin d'eux les mauvais préjugés qui peuvent engendrer le vice et le crime, et de faire ensorte que tout soit mieux que dans les tems qui ont précédé cette époque :

Nous avons pensé que le moment était enfin arrivé où nous pouvions tenter ce grand œuvre avec quelque fruit, et opposer des digues au plus redoutable des fléaux , qui depuis l'origine du monde pèsent sur la pauvre humanité .... la guerre.

Nous ne pouvons pas espérer de détruire entiérement dans l'esprit de souverains, cette ambition fille de l'orgueil et de l'amour propre, qui les porte à dévaster la terre, et à forcer leurs sujets à s'entrégorger les uns et les autres; mais nous sentons que nous pouvons, soit par la voie de la persuasion, soit par la force de l'opinion publique, diriger cette passion vers le véritable honneur, qui ne peut éxister que pour le bien, et borner à la défense de la patrie, cette ardeur guerriere qui, dans ce cas seulement, peut être qualifiée du nom de vertu.

C'est par ces louables motifs, que nous avons résolu de former entre nous une association, et de nous obliger par les sermens les plus saints, et les plus sacrés qui puissent lier les hommes, à observer réligieusement les obligations que nous contractons.

1° D'employer tous nos talens et le tems que nous laisseront nos occupations ordinaires, à ramener les souverains et les peuples, aux vrais principes de l'honneur, trop long-tems oubliés, et de les diriger vers le bonheur général, soit par nos écrits, soit par notre exemple et nos discours, enfin par tous les moyens qui sont et seront en notre pouvoir.

2° De refuser avec dignité toutes pensions, gratifications, places, honneurs, qui auroient pour but de nous engager au silence, ou de nous faire agir contre notre conscience et nos sermens.

3° De vouer au mépris et à l'opprobre ceux d'entre nous qui auroient la bassesse de se laisser séduire, et le malheur de manquer à leurs sermens.

4° D'engager les prédicateurs, les curés et les ministres de tous les cultes en général à se liguer avec nous, et à concourir a une œuvre si sainte, si louable et si conforme aux préceptes de la religion.

5° D'admettre dans notre association des personnes favorisées de la fortune et qui animées du même zéle, propageraient et repandraient nos écrits, en subvenant aux frais d'impression et en facilitant la distribution de ceux qui tendraient à donner de la publicité à nos idées.

6° De nous réunir dans chaque lieu, où il y aura uue association particulière, au moins quatre fois l'année, afin de nous communiquer nos idées, nos écrits et les progrès de l'association générale (1).

FIN.

---

(1) Ce foible essai peut donner matiere a un projet plus réfléchi et plus efficace; je laisse à un autre que moi, le soin de le publier.

www.ingramcontent.com/pod-product-compliance
Lightning Source LLC
Chambersburg PA
CBHW061703050726
47598CB00004B/1651